CONSEILS

A UN JEUNE

COMMISSAIRE DE SURVEILLANCE

ADMINISTRATIVE

DES CHEMINS DE FER

Par un ANCIEN

PARIS
11, Place Saint-André-des-Arts.

LIMOGES
48, Nouvelle Route d'Aixe, 46.

IMPRIMERIE, LIBRAIRIE ET PAPETERIE

Henri CHARLES-LAVAUZELLE

Éditeur militaire.

—

1890

CONSEILS

A UN

JEUNE COMMISSAIRE DE SURVEILLANCE

ADMINISTRATIVE

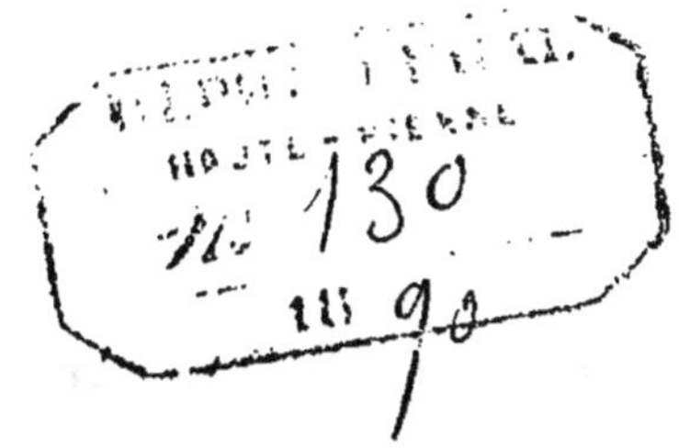

CONSEILS

A UN JEUNE

COMMISSAIRE DE SURVEILLANCE

ADMINISTRATIVE

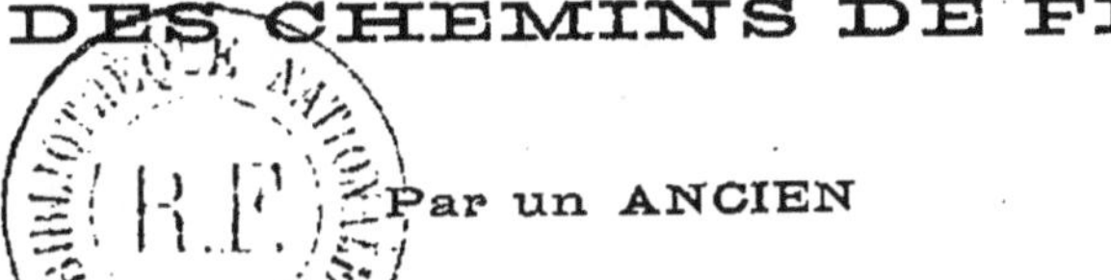

Par un ANCIEN

PARIS	LIMOGES
11, Place Saint-André-des-Arts.	48, Nouvelle Route d'Aixe, 46.

IMPRIMERIE, LIBRAIRIE ET PAPETERIE

HENRI CHARLES-LAVAUZELLE

Éditeur militaire.

1890

CONSEILS

A UN

JEUNE COMMISSAIRE DE SURVEILLANCE

ADMINISTRATIVE

L'admissibilité.

Ainsi, mon cher camarade, vous aviez préparé consciencieusement votre examen de Commissaire de surveillance administrative des chemins de fer. Vous vous êtes présenté, connaissant sur le bout du doigt la loi du 15 juillet 1845, l'ordonnance du 15 novembre 1846 et le cahier des charges ; vous aviez de solides notions sur l'exploitation technique et commerciale, sur le matériel et sur la voie ; vous possédiez à fond votre droit pénal et votre Code d'instruction criminelle : bref, vous étiez ferré autant qu'on peut l'être lorsqu'on a travaillé avec ardeur, pendant plusieurs mois consécutifs, des matières absolument nouvelles et pour lesquelles il vous manquait, probablement comme à tous vos concurrents, d'ailleurs, une chose essentielle, la pratique !

Et, par une belle journée d'avril, vous avez subi les épreuves réglementaires dans une salle de la préfecture, dont le soleil printanier venait caresser les vitres...

Mais, malgré les bonnes compositions que vous avez remises, avouez que vous n'étiez pas sans inquiétudes et que vous avez trouvé bien longs les trois mois qui se sont écoulés entre l'examen et la proclamation des résultats, car enfin cet examen c'était un concours, et un concours est toujours quelque peu aléatoire.

Enfin, un beau matin, le facteur vous a apporté un pli du ministère et votre main a tremblé en le décachetant, mais bientôt vous avez poussé un soupir de soulagement ; c'était la lettre d'admissibilité, toujours conçue dans le même style administratif :

MINISTÈRE

des

TRAVAUX PUBLICS

—

Cabinet,
Personnel et Secrétariat.

—

DIVISION DU PERSONNEL

1er Bureau.

—

Paris, le   18   .

Monsieur, je vous annonce avec plaisir que, d'après les résultats du concours ouvert le   18   , vous avez été déclaré admissible à l'emploi de Commissaire de surveillance administrative des chemins de fer, avec le n°   de la liste de classement des candidats militaires (ou civils).

Vous recevrez ultérieurement une destination.

Je vous prie de me faire connaître, dans le plus bref délai, la région dans laquelle vous désireriez être employé. Sans prendre aucun engagement à c égard, je chercherai volontiers les moyens de tenir compte de vos préférences dans la mesure du possible.

Recevez, etc.

Le Ministre des Travaux publics.
Pour le Ministre et par autorisation :
*Le Chef du Cabinet, du Personne
et du Secrétariat,*

N...

Allons, mon cher camarade, toutes mes félicitations ! Vous n'êtes pas encore Commissaire de surveillance, mais vous êtes certain de l'être bientôt : « Vous recevrez ultérieurement une destination. » Cet « ultérieurement » sera plus ou moins long selon que votre numéro de classement se rapproche plus ou moins de l'unité ; mais enfin, vous pouvez prendre patience : vous êtes parmi les heureux.

Dès lors, vous pouvez commencer à prendre vos dispositions pour votre prochaine installation. Vous faites connaître au Ministre la région de votre choix, et il faut espérer que vous ne serez pas trop déçu à cet égard. Néanmoins, si on ne vous offrait pas exactement la résidence que vous aviez rêvée, le meilleur parti à prendre serait certainement d'aller là où on vous enverrait, sauf à solliciter plus tard votre changement lorsqu'un poste à votre convenance deviendrait vacant, par suite de mise à la retraite ou pour toute autre cause. L'essentiel est d'être nommé ; une fois qu'on a le pied à l'étrier, on finit toujours par obtenir ce que l'on désirait ; il suffit, pour cela, d'un peu de patience.

La nomination.

Comme je vous le disais tout à l'heure, mon cher camarade, la nomination se fait plus ou moins attendre, suivant votre numéro de mérite. Espérons qu'il a été bon et que vous allez bientôt recevoir la bienheureuse lettre de service :

MINISTÈRE

des

TRAVAUX PUBLICS

—

Cabinet,
Personnel et Secrétariat.

—

DIVISION DU PERSONNEL

1er Bureau.

—

Paris, le   18   .

Monsieur, je vous annonce avec plaisir que vous avez été nommé Commissaire de surveillance administrative des chemins de fer de 4e classe.

Vous serez attaché, en cette qualité, au service du contrôle de l'exploitation du réseau des chemins de fer d   ,
à la résidence d   .

Ces dispositions auront leur effet à dater du   18   .

Monsieur N..., Inspecteur général du contrôle à Paris, rue   , no   ,
vous donnera les instructions nécessaires pour votre installation.

Vous subirez sur votre traitement, fixé à 1.500 francs, les retenues prescrites par la loi du 9 juin 1853, pour le service des pensions civiles.

Recevez, etc.

Le Ministre des Travaux publics.
Pour le Ministre et par autorisation :
*Le Chef du Cabinet, du Personnel
et du Secrétariat,*

N...

Une fois en possession de ce document, vous êtes fixé sur votre sort. Il faut alors, sans tarder, vous faire faire des cartes de visite indiquant votre nouvelle qualité et la résidence qui vous est assignée ; vous en aurez besoin pour vos visites officielles. Il faut aussi commander votre uniforme et prier votre fournisseur de vous livrer immédiatement au moins

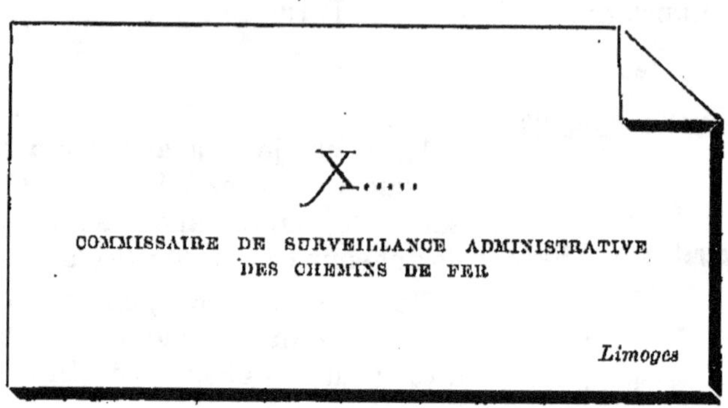

la casquette, dont vous aurez besoin dès le premier jour, sans vous faire trop attendre le reste.

L'uniforme.

Le costume officiel des Commissaires de surveillance administrative se compose de deux tenues : la grande et la petite.

La grande tenue de service, qui est fort coquette, comporte : un habit bleu avec collet et parements brodés d'argent et boutons argentés ; un gilet blanc ; un pantalon bleu ; un chapeau à la française avec ganse de soie noire brochée d'argent ; une épée à poignée noire avec garde argentée ; enfin l'écharpe tricolore avec frange pareille. Beaucoup de Commissaires font placer, sur leur pantalon de grande tenue, des bandes en argent qui, à la vérité, ne sont pas d'ordonnance, mais qui rendent le costume encore plus brillant et qui ont toujours été tolérées.

Si vous avez enfin une croix de la Légion d'honneur à placer sur la poitrine, ce sera parfait.

La petite tenue se compose d'une capote en drap bleu brodée d'argent au collet seulement, avec boutons argentés, d'un pantalon bleu sans bandes, et d'une casquette avec trois galons d'argent.

La grande tenue doit être revêtue pour les présentations et visites officielles, ainsi que pour les cérémonies publiques auxquelles les Commissaires de surveillance administrative sont convoqués. Quant à la petite tenue, elle est réservée pour le service journalier; toutefois, dans la pratique, les Commissaires ne s'astreignent pas à porter constamment cette petite tenue, et ils se contentent de porter la casquette réglementaire : l'Administration use de tolérance à cet égard, pourvu, d'ailleurs, que ces fonctionnaires aient une mise correcte.

Dès que vous serez en possession de tous vos effets d'uniforme, le ministère des Travaux publics vous allouera une indemnité de trois cents francs. Si vous vous êtes adressé à un fournisseur consciencieux, — et il y en a encore ! — cette somme couvrira exactement toutes vos dépenses : de sorte que tout votre costume ne vous aura pas coûté un centime.

Visites aux fonctionnaires du contrôle.

Votre lettre de nomination, vous l'avez remarqué, mon cher camarade, vous invite à prendre les instructions de votre Inspecteur général. Par conséquent, il sera bon de vous présenter chez lui avant de prendre possession de vos nouvelles fonc- ions, ou, tout au moins, de lui adresser une lettre pour lui faire connaître que vous avez reçu votre nomination, que vous vous trouvez très honoré d'être appelé à servir sous ses ordres, et que vous allez rejoindre votre poste, où vous vous efforcerez, par votre zèle et votre assiduité, de mériter toute sa bienveillance.

Cette lettre, écrite sur papier coquille in-4°, doit se terminer par la formule :

> Je suis avec un profond respect,
> Monsieur l'Inspecteur général,
> Votre très humble et très obéissant serviteur.
>
> *Le Commissaire de surveillance administrative,*
> N....

Vous la placez dans une chemise en papier fort, destinée à la protéger, et vous l'expédiez sous bande contre-signée, de la manière suivante :

<table>
<tr>
<td>Le Commissaire de Surveillance administrative,
(Signature).</td>
<td>
MINISTÈRE DES TRAVAUX PUBLICS

Contrôle et Surveillance des Chemins de Fer.

A Monsieur N...
Inspecteur général de contrôle,
Rue   , nᵒ   .
Paris.
</td>
</tr>
</table>

Car, une fois en possession de votre nomination, vous jouissez de la franchise postale et télégraphique avec tous vos chefs, pour affaires de service, bien entendu.

Si vous venez à Paris faire visite à votre Inspecteur général, vous ferez bien de demander, dans ses bureaux, les noms et adresses de tous vos autres chefs, c'est-à-dire des deux ingénieurs en chef, de l'inspecteur principal, des deux ingénieurs ordinaires et de l'inspecteur particulier, afin de vous présenter également chez eux, ou d'y déposer une carte, s'ils sont absents.

Je n'ai pas besoin d'ajouter que ces diverses visites ne doivent pas être faites en uniforme, mais simplement en tenue de ville.

Libre parcours.

La lettre de nomination qui vous a été délivrée par le Ministre vous donne, sur le chemin de fer auquel vous êtes attaché, le droit de libre parcours en première classe, pour vous rendre à votre poste, et sans qu'il soit besoin de rien demander à qui que ce soit. Il va sans dire que, si vous avez femme et enfants, votre famille ne jouit pas des mêmes prérogatives, mais la compagnie se fera un plaisir de vous accorder des permis de circulation pour elle, et même un bon de transport pour votre mobilier, si vous les lui demandez par la voie hiérarchique, c'est-à-dire au moyen d'une lettre adressée au directeur de la compagnie par l'entremise de l'Inspecteur général, qui ne refusera pas de l'apostiller.

Si, plus tard, vous venez à changer de résidence, les mêmes facilités vous seront accordées et l'Administration vous allouera, en outre, des frais de voyage calculés à raison de 2 fr. 50 par myriamètre.

Et maintenant, mon cher camarade, en route pour votre nouvelle résidence, car le grand jour approche où vous allez commencer à émarger au budget des Travaux publics.

Choix d'un logement.

La première personne à voir en arrivant est naturellement le Commissaire de surveillance administrative que vous allez remplacer, s'il est encore en fonctions, ou bien votre futur collègue, si vous arrivez dans un poste *double;* vous le trouverez sur le quai de la gare en descendant du train, car je suppose que vous lui avez annoncé votre arrivée. Si vous ne connaissez pas la ville, il vous aidera de ses conseils pour trouver un logement dans de bonnes conditions.

Si le commissariat est absolument dépourvu de titulaire, ce qui peut arriver par suite de décès ou de toute autre cause, vous vous adresserez au chef de gare, qui certainement sera très heureux de vous venir en aide et qui, au besoin, mettra un agent à votre disposition, pour vous piloter.

Quoi qu'il en soit, tâchez de découvrir un logement à la fois convenable et à bon marché, assez rapproché de la gare pour que vous n'ayez pas de trop longues courses à faire pour vous rendre à votre bureau, et assez éloigné cependant pour que vous puissiez jouir d'un peu d'indépendance et qu'on ne soit pas tenté de venir vous déranger chez vous à chaque instant pour des futilités.

Le bureau du commissariat.

Aux termes de l'article 58 de l'ordonnance du 15 novembre 1846, la compagnie est tenue de fournir un local convenable pour le bureau du Commissaire de surveillance administrative; ce local est meublé, chauffé, éclairé et entretenu aux frais de la compagnie.

En prenant possession du bureau, vous vous

assurerez que tous les objets portés sur le registre d'inventaire du commissariat s'y trouvent bien, notamment le timbre-cachet et l'écharpe aux couleurs nationales, qui est fournie par l'Etat, et qui fait partie du matériel du bureau.

Visites aux autorités locales.

Mais, avant d'entrer réellement en fonctions, vous avez encore, mon cher camarade, quelques visites à faire et quelques formalités à remplir.

D'abord il est convenable que vous vous présentiez chez le préfet du département de votre résidence, et, s'il y a lieu, chez le sous-préfet. D'autre part, il faut obligatoirement rendre visite au président du tribunal civil, au procureur de la République, qui va être votre chef en tant qu'officier de police judiciaire, à son substitut et au juge d'instruction. Enfin, si vous voulez être correct jusqu'au bout, vous irez déposer votre carte chez le maire de la localité.

Au cours de vos visites chez les membres du tribunal, il ne faudra pas négliger de vous entendre avec le président pour votre prestation de serment à une des plus prochaines audiences.

Au chemin de fer, il sera bon que vous fassiez également connaissance sans retard avec le chef de gare, avec le chef de dépôt, avec le chef de section, avec le médecin de la compagnie, enfin avec l'inspecteur de l'exploitation, s'il y en a un dans votre résidence, de façon à pouvoir les reconnaître quand vous les rencontrerez sur le quai et à échanger avec eux un salut; une fois la glace rompue, il vous sera facile, avec un peu de tact, de conserver avec ces différents agents de bonnes relations qui faciliteront votre service, sans, pour cela, que vous abdiquiez quoi que ce soit de vos prérogatives de fonctionnaire du contrôle.

La prestation de serment.

Dès votre arrivée à votre poste, le ministère des Travaux publics vous fait parvenir votre commission officielle par la voie hiérarchique :

Ministère des Travaux publics.

COMMISSION.

Le Ministre des Travaux publics,

En exécution de sa décision du .   18 ,

Commissionne M   , né le   18 ,

à   département d   ,

pour exercer les fonctions de Commissaire de surveillance administrative des chemins de fer,

A la charge par lui :

1º De prêter serment devant le tribunal de première instance du lieu de sa résidence ;

2º De remplir avec zèle et fidélité les fonctions qui lui sont confiées ;

Invite tout fonctionnaire public à donner à M
aide et assistance, au besoin, dans l'exercice de ses fonctions.

Paris, le   18 .

Pour le Ministre et par autorisation,

*Le Chef du Cabinet, du Personnel
et du Secrétariat,*

N...

Nota. — La présente commission ne sera délivrée qu'après avoir été soumise au timbre extraordinaire du chef-lieu du département, soit au visa pour timbre dans le bureau du receveur de l'Enregistrement.

Cette commission doit être visée pour timbre et enregistrée à vos frais chez le receveur de l'enregistrement. Vous acquittez en même temps le droit d'assermentation, qui s'élève à quinze francs plus le décime, et vous déposez votre commission au greffe du tribunal, pour qu'on y transcrive la mention de votre prestation de serment. Au jour convenu avec le président, vous vous présentez à l'ouverture de l'audience, en tenue de ville ; le procureur de la République donne lecture de la formule du serment professionnel ; vous levez la main droite et vous répondez : « Je le jure ! » Dès lors, mon cher camarade, vous êtes réellement officier de police judiciaire et vous êtes investi du droit de verbaliser sur toute l'étendue du chemin de fer auquel vous êtes attaché. Tous les procès-verbaux que vous auriez pu dreser avant l'accomplissement de cette formalité seraient de plein droit frappés de nullité.

Dans le cas où, par la suite, vous viendriez à changer de résidence et à être attaché à un autre réseau, il va sans dire que vous n'auriez pas à prêter serment une seconde fois : vous auriez seulement à faire transcrire et viser l'acte de serment au greffe du tribunal auquel ressortirait votre nouvelle résidence. Cette formalité serait, d'ailleurs, indispensable pour la validité de vos procès-verbaux ; mais elle ne serait pas nécessaire dans le cas où, changeant de résidence, vous resteriez attaché au même réseau. Du reste, la transcription de l'acte de serment ne donne lieu à aucun droit d'enregistrement.

Installation par l'Inspecteur particulier.

Sur plusieurs réseaux, l'usage s'est perpétué de faire installer par leur Inspecteur particulier les Commissaires de surveillance administrative nouvellement nommés. Cette installation, qui se réduit, en somme, à bien peu de chose, ne consiste, le plus souvent, que dans l'inscription par ce fonctionnaire, sur le registre de correspondance du commissariat, d'un procès-verbal de quelques lignes constatant l'entrée en fonctions de M. un tel, nommé par décision ministérielle du . . . . . Je crois donc inutile d'insister plus longuement sur ce point.

En fonctions.

Les Commissaires de surveillance administrative, au nombre d'environ quatre cents, se trouvent disséminés sur tout le réseau français. Ils sont placés, il est vrai, sous les ordres d'un certain nombre de chefs, ingénieurs, inspecteurs, etc.; mais, comme ces différents chefs ne peuvent pas être constamment derrière leurs talons, il s'ensuit que les Commissaires relèvent avant tout et surtout de leur conscience. Aussi rien n'est-il plus facile pour eux que d'en prendre à leur aise, si bon leur semble, et de manquer, dans bien des cas, à leurs obligations, ou, du moins, de ne les remplir que dans des limites dérisoires. Dans ces conditions, les fonctions de Commissaire de surveillance peuvent évidemment devenir une véritable sinécure.

Mais je suppose, mon cher camarade, qu'en ce qui vous concerne, telle n'est pas votre intention; car c'est précisément lorsqu'un fonctionnaire est livré à lui-même et, pour ainsi dire, abandonné à sa propre initiative que la loyauté la plus élémentaire lui commande d'apporter plus de scrupule dans l'accomplissement de ses devoirs.

Ainsi donc, vous vous proposez de remplir fidèlement vos fonctions comme vous en avez, du reste, fait le serment en prenant possession de votre poste. Il va sans dire que cette résolution, qui fait hon-

neur à votre caractère, ne vous portera pas à devenir un Commissaire taquin et ennuyeux, cherchant
chicane à propos de tout et de rien.

Vous laisserez la compagnie exploiter son chemin de fer comme elle l'entendra, sans vous immis-
cer, en quoi que ce soit, dans les opérations du service
actif, et vous vous bornerez à veiller à ce que cette
exploitation s'effectue d'une façon conforme aux
règlements en vigueur. Si vous croyez reconnaître
dans cette exploitation quelques irrégularités, vous
pourrez en faire l'observation officieuse aux agents
intéressés et, au besoin, en rendre compte à vos
chefs ; mais, dans tous les cas, vous vous abstien-
drez de donner des ordres, car vous n'avez pas
qualité pour cela, et vous endosseriez ainsi une
responsabilité qu'il faut éviter à tout prix ; votre
rôle n'est, d'ailleurs, pas uu rôle de direction et de
commandement, mais un rôle d'observation et de
surveillance. Vous devez tout voir, tout savoir, tout
contrôler et signaler à qui de droit ce qui vous aura
semblé anormal. Ce n'est pas bien compliqué,
mais cela réclame, de votre part, beaucoup de tact
et une grande assiduité dans votre service.

Dans le début, surtout, je ne saurais trop vous
recommander d'être circonspect, car quoique vous
ayez prouvé, par de brillants examens, que vous
possédez toutes les connaissances théoriques requi-
ses pour faire un bon Commissaire, il est incontestable qu'il vous manque encore cette chose si pré-

cieuse qui ne s'acquiert qu'avec le temps, je veux dire la pratique et, par suite, l'expérience. Vous ferez donc bien d'être très assidu à votre poste et de profiter de toutes les occasions pour vous instruire. Lorsqu'un Commissaire de surveillance administrative s'est acquis auprès des agents du chemin de fer la réputation d'être un fonctionnaire à la hauteur de ses fonctions, sa présence seule suffit, le plus souvent, pour empêcher que des infractions sérieuses se commettent.

D'autre part, il faut remarquer que, dans le service des chemins de fer, tout ou presque tout ce qui se produit en fait d'exploitation survient d'une façon absolument inopinée. Il est donc bon d'être, le plus possible, présent à son poste, de façon à pouvoir, en cas d'accident grave par exemple, envoyer sur-le-champ, aux autorités, les dépêches télégraphiques réglementaires et à ne pas se mettre dans le cas d'être devancé par la police et de se faire comparer aux carabiniers d'Offenbach, qui arrivaient toujours trop tard !

En ce qui concerne vos relations avec le public, mon cher camarade, avec ce public qu'il n'est pas toujours, hélas ! facile de contenter, la patience et la modération seront vos meilleurs auxiliaires. Il se conçoit que le voyageur qui vient de manquer son train, soit par la faute d'un employé, soit, ce qui arrive le plus souvent, par sa propre faute, ou bien le voyageur dont les bagages ont pris une fausse direction, ou bien encore celui à qui on a dû refuser telle ou telle faveur incompatible avec le règlement, ne seront pas naturellement portés à exposer d'une façon calme leurs doléances. Ecoutez donc, avec douceur et urbanité, les réclamations et les observations du public, fussent-elles d'une injustice criante, procurez-lui les renseignements dont il peut avoir besoin, faites-lui rendre justice s'il est réellement dans son droit ; mais, pour l'amour de Dieu, ne suivez jamais vos contradicteurs sur le terrain de la discussion violente ; efforcez-vous de conserver une inaltérable sérénité, et tâchez de mettre la forme aussi bien que la raison de votre côté. En un mot, ne sortez pas de votre rôle, qui doit rester absolument pacifique et désintéressé. Vous êtes le représentant de l'Etat et vous avez à prendre en mains, suivant les circonstances, soit les intérêts de la compagnie, soit ceux du public : c'est là, vraiment, une trop belle mission pour y rien changer.

Sur le quai.

Il est d'usage que le Commissaire de surveillance fasse un tour sur le quai de sa gare au moment du départ, de l'arrivée ou du passage des trains de voyageurs, afin de s'assurer que tous les agents sont bien à leur poste, que les mesures de prudence sont bien observées; enfin, que le service se fait bien dans tous ses détails.

Lors de ces apparitions sur le quai, le Commissaire doit porter au moins la casquette d'uniforme, afin d'être aisément reconnu des personnes qui pourraient avoir besoin de son ministère.

Quelques Commissaires, cependant, croient pouvoir se dispenser d'arborer la casquette à trois galons lorsqu'ils se montrent sur le quai; ils ont tort et doublement tort. D'abord, ils désobéissent aux prescriptions de l'Administration supérieure; ensuite, ils donnent un mauvais exemple aux agents de la compagnie, qui sont eux-mêmes astreints au port de l'uniforme réglementaire. Je sais bien qu'il est plus commode de se promener dans la gare en tenue de ville : de cette façon, on n'est pas reconnu du public et les voyageurs ne viennent pas vous importuner par des demandes de renseignements. Mais vous conviendrez qu'il est bien facile de renvoyer poliment le public aux agents de la compagnie, ou même de lui fournir immédiatement les renseignements demandés quand on les possède et qu'on est certain de ne pas commettre d'erreur. D'un autre côté, le Commissaire de surveillance qui fait son service sans aucun insigne, le fît-il avec une ponctualité extrême, perd évidemment le bénéfice de cette ponctualité, car, pour tous les voyageurs qui ne le connaissent pas personnellement, c'est comme s'il était absent. Dans ces conditions, le Commissaire le plus fidèle à son poste peut s'exposer à faire dire de lui qu'il n'est jamais là.

La situation de Commissaire de surveillance administrative est, à coup sûr, une situation très avouable, je dirais même fort honorable, et c'est précisément pour cela, mon cher camarade, que vous l'avez embrassée malgré la modicité du traitement qui y est attaché. Aussi, je suis certain que vous ne chercherez pas à dissimuler votre véritable qualité en évitant de porter en service la casquette réglementaire. Cette casquette, il faut la montrer partout et toujours, dans l'enceinte du chemin de fer s'entend, afin que le public voie et sache que vous prenez vos fonctions au sérieux, que vous êtes là, que, s'il a besoin de vous, il vous trouvera; en un mot, que vous n'êtes pas, comme on dit vulgairement, une cinquième roue à un char.

Sur certains réseaux, les règlements intérieurs de la compagnie, s'inspirant des règlements militaires, interdisent aux agents de tout grade, d'une façon formelle, de fumer dans le service. Bien que ces règlements ne vous concernent pas et que vous n'ayez pas à en tenir compte d'une manière générale, je crois que, dans l'espèce, vous ferez bien de vous y conformer et de vous abstenir de fumer sur le quai si les agents n'y sont pas autorisés eux-mêmes. Vous pouvez, d'ailleurs, vous offrir de douces compensations dans l'intérieur de votre bureau.

Quand vous circulez sur les quais, évitez surtout de vous approcher trop près de la bordure du trottoir. Un train ou une rame de wagons en manœuvre peuvent survenir, et, un moment de distraction de votre part suffit pour qu'il vous arrive malheur ; vous pouvez être atteint par les marchepieds des wagons, qui font saillie vers le quai, entraîné par les véhicules et broyé en quelques secondes. Quand on est habitué à entendre les coups de sifflet des mécaniciens, on finit par n'y prêter qu'une attention plus ou moins distraite, et, d'un autre côté, les wagons en mouvement ne font, pour ainsi dire, pas de bruit en roulant ; on peut, par conséquent, se trouver pris à l'improviste. Donc, suivez mon conseil et vous éviterez tout accident.

En tournée de service.

Mais votre surveillance, mon cher camarade, n'est pas limitée à la gare de votre résidence ; elle s'étend sur un certain parcours, qui est d'environ 100 kilomètres en moyenne, mais qui peut être notablement inférieur ou supérieur, suivant l'intensité plus ou moins grande du trafic dans la région où vous vous trouvez. Quoi qu'il en soit, votre circonscription comprend un certain nombre de petites stations que vous devez visiter le plus souvent possible.

Vous profiterez de vos premières tournées sur la ligne pour faire connaissance avec vos chefs de gare, qui seront très heureux, par la suite, d'entretenir de bons rapports avec vous, et qui se feront un plaisir de vous fournir par correspondance une foule de petits renseignements dont vous pourrez avoir besoin et qui cependant ne mériteraient pas un déplacement de votre part.

Il est bien entendu que, dans ces tournées, il y a lieu de mettre la casquette d'uniforme ; c'est un moyen de signaler votre présence aux agents des stations, des trains et de la voie, qui seront ainsi tenus en éveil ; c'est aussi un moyen de montrer au public que le Commissaire de surveillance administrative n'est pas un mythe et qu'il exerce sérieusement ses fonctions de surveillance.

Au cours de vos tournées, vous aurez à vous assurer du bon fonctionnement des aiguilles et des signaux des gares, et vous aurez à viser les registres des réclamations déposés dans les gares et à relever les plaintes qui y seront inscrites ; les chefs de gare sont d'ailleurs tenus de vous aviser immédiatement dès qu'une plainte a été déposée.

C'est également au cours de vos tournées que vous vous assurerez que les taxes sont bien appliquées dans toute votre circonscription ; à cet effet, vous aurez à relever vous-même alternativement dans vos différentes gares un certain nombre de taxes en grande ou en petite vitesse, soit sur le livre des expéditions, soit sur celui des arrivages, que vous vous ferez présenter, et une fois rentré à votre bureau, vous vérifierez, au moyen du recueil des tarifs qui est en votre possession, si ces taxes ont été bien calculées. Les résultats de ces vérifications sont ordinairement transmis à l'Inspecteur particulier avec les rapports décadaires n° 3.

J'ai connu des Commissaires qui, pour simplifier leur besogne, n'hésitaient pas à se faire envoyer par les gares des relevés d'expéditions tout calculés et au bas desquels il n'avaient [plus qu'à apposer leur signature avec la mention invariable : « *La gare a bien opéré.* » Cette façon d'agir est absolument incorrecte et elle équivaut à ne rien vérifier du tout, car il est évident que, dans ces conditions, un chef de gare n'enverra que des taxes incontestablement justes et triées sur le volet, et que, s'il reconnaît qu'il a commis une erreur dans une taxe, il se gardera bien de vous la signaler. A un autre point de vue, le Commissaire de surveillance qui fait faire par les gares le travail que le règlement lui prescrit de faire lui-même perd toute indépendance et tout prestige auprès du personnel de la compagnie.

La carte de libre circulation.

Le serment que vous avez prêté devant le tribunal vous confère, aux termes de la loi du 15 juillet 1845, le droit de verbaliser sur toute la ligne du chemin de fer auquel vous êtes attaché. Il résulte de là, mon cher camarade, que vous avez incontestablement le droit de circuler gratuitement sur toute l'étendue du réseau. Mais, dans l'intérêt du bon ordre, l'Administration supérieure a cru devoir assigner à chaque Commissaire de surveillance une portion déterminée de réseau, c'est-à-dire une circonscription.

La carte de libre circulation qui vous est délivrée, au commencement de chaque année, par le ministère des Travaux publics, ne comporte donc pas tout le réseau, mais seulement une fraction de ce réseau, et vous permet de voyager gratuitement, non seulement dans les limites de votre circonscription, mais encore jusqu'à la résidence des Commissaires voisins dans les différentes directions. Vous profiterez, naturellement, d'une de vos premières sorties pour aller faire visite à vos collègues et entrer en relations avec eux. Vous serez appelés, par la suite, à vous rendre de mutuels services et à vous suppléer réciproquement en cas d'absence, de congé ou de maladie.

Il va sans dire qu'en cas d'urgence exceptionnelle, vous pourrez dépasser les limites indiquées sur votre carte de circulation, en remettant une réquisition écrite au chef de gare; mais c'est là un moyen dont il convient de n'user qu'avec la plus extrême réserve. Si vos affaires personnelles vous appellent sur un point ou sur un autre du réseau, il vous sera facile d'obtenir votre libre parcours en demandant un congé à vos chefs, qui feront, au besoin, accorder des permis de circulation à votre famille.

Il y a eu certainement parfois, mon cher camarade, des Commissaires de surveillance qui ont circulé sans réquisition et sans congé en dehors des limites indiquées sur leur carte, et même qui ont fait voyager leur famille sans billet ni permis de circulation. Je n'ai pas besoin de vous faire remarquer que cette façon d'agir est en tout point déplorable et dénote peu de scrupule de la part du fonctionnaire qui l'emploie. Si les agents de la compagnie veulent bien fermer les yeux sur de telles irrégularités, le Commissaire qui bénéficie d'une complaisance de ce genre n'est-il pas tenu, lui aussi, par réciprocité, de ne pas relever certaines infractions que son devoir cependant lui commanderait de signaler? Et, alors, que devient son indépendance? Que devient le contrôle? Que devient la surveillance? Autant de points d'interrogation auxquels je laisse à votre bon sens le soin de répondre.

La carte dont vous êtes titulaire vous confère le droit de libre circulation sur la voie, dans les voitures (places de luxe exceptées), dans les gares, stations, magasins et ateliers ; en un mot, dans toutes les dépendances du chemin de fer. Les places de luxe ont fait, depuis plusieurs années, l'objet d'une réserve, parce que, comme il arrive généralement pour toutes les bonnes choses, des abus se sont produits, et il est arrivé, dans certains cas, que des voyageurs n'ont pu obtenir de places de coupé-lit ou de salon dans des trains qui en contenaient cependant, parce que ces places étaient occupées ou retenues par des Commissaires de surveillance ou même par des fonctionnaires d'un ordre inférieur, qui, en la circonstance, avaient manqué de discrétion. De sorte que, aujourd'hui, les Commissaires de surveillance administrative n'ont plus droit qu'aux places de première classe, et ils ne sont pas bien martyrs pour cela.

En ce qui concerne le droit de circulation sur la voie, je suppose, mon cher camarade, que vous n'en abuserez pas et que vous préfèrerez faire vos tournées en voiture plutôt qu'à pied. Cependant, il peut se produire des cas où votre présence sur la voie sera nécessaire à un point situé dans l'intervalle de deux stations et que vous ayez à circuler à pied. Si vous parcourez une ligne à double voie, je ne saurais trop vous recommander de suivre toujours la voie de droite, par rapport au sens de votre marche; de cette façon, vous irez à la rencontre des trains et vous ne risquerez pas de vous faire tamponner par un train arrivant en arrière, et au sifflet duquel vous n'auriez pas prêté une attention suffisante. Lorsque vous aurez à vous garer pour laisser passer un train, réfugiez-vous toujours sur l'accotement de la voie et jamais sur l'entrevoie, car si le hasard voulait qu'il y eût, à ce moment, un croisement de trains, la largeur de l'entrevoie ne serait pas suffisante pour vous offrir un abri sûr, et vous seriez infailliblement heurté par les marchepieds de l'un ou de l'autre train.

Le premier douzième.

Les Commissaires de surveillance administrative des chemins de fer sont répartis à peu près également en quatre classes, aux appointements de 1,500 fr., 2,000 fr., 2,500 fr. et 3,000 fr. Ceux qui résident en Algérie jouissent, en outre, du quart colonial, c'est-à-dire d'un supplément de solde de 25 p. 100, ce qui porte leurs traitements respectivement à 1,875 fr., 2,500 fr., 3,125 fr. et 3,750 fr. Certains d'entre ces derniers touchent même en plus une indemnité spéciale attachée à la résidence.

Quoi qu'il en soit, aux termes de la loi, une retenue de 5 p. 100 est prélevée pour la retraite sur les sommes payées à titre de traitement fixe ou

éventuel, de préciput, de supplément de traitement, etc.; d'où il suit qu'en France, les Commissaires de surveillance administrative touchent net,
chaque mois, défalcation faite du timbre de quittance :

Pour la 4e classe . . . . . . 118 fr. 65
  Id.   3e classe . . . . . . 158 fr. 23
  Id.   2e classe . . . . . . 197 fr. 82
  Id.   1re classe . . . . . . 237 fr. 40

Donc, mon cher camarade, vous allez recevoir
mensuellement 118 fr. 65. Si vous êtes déjà capi-
taine en retraite et décoré, et si vous avez de nom-
breuses campagnes, cette petite somme arrondira
la pension que vous sert le Gouvernement et vous
permettra d'augmenter votre bien-être, puisque,
grâce à elle, vous retrouverez à peu près votre
ancienne solde d'activité. Si vous sortez de l'élé-
ment civil et que vous possédiez de la fortune, votre
traitement mensuel fournira encore un appoint
appréciable à vos revenus. Mais, si vous n'avez
pas de fortune personnelle, ce dont on ne saurait
vous blâmer, il est incontestable que vos appointements ne vous enrichiront pas beaucoup et que
vous aurez à réaliser des prodiges de bonne vo-
lonté pour maintenir votre budget en équilibre, tout
en ayant une tenue correcte et en ne faisant pas de
dettes. J'espère, d'ailleurs, pour vous, que ce ne
sera qu'une situation très provisoire et qu'un avan-

cement mérité, dû au zèle et à l'intelligence dont vous ferez preuve dans votre service viendra, dans un avenir prochain, apporter une amélioration sensible à vos ressources.

Mais ces 118 fr. 65 par mois, que le Gouvernement vous accorde au début, vous n'allez même pas les toucher immédiatement. A la fin de votre premier mois de service, vous recevrez bien un mandat de payement, comme les camarades; seulement, ce mandat indiquera que lesdits 118 fr. 65 sont retenus par le trésorier-payeur général ou par le receveur particulier pour le service des pensions de retraite. Car la loi a décidé que ce service serait alimenté d'abord par la retenue de 5 p. 100 sur le traitement, dont je parlais tout à l'heure et, ensuite, par une retenue du douzième du même traitement lors de la nomination ou dans le cas de réintégration, et du douzième de toute augmentation ultérieure.

Donc, à la fin du premier mois, vous donnerez au comptable du Trésor 10 centimes pour le timbre de la quittance et ledit comptable, en échange, ne vous versera rien du tout. *Dura lex, sed lex!* Fort heureusement que cela n'arrive qu'une fois!

Service militaire.

Et maintenant, mon cher camarade, que vous voilà Commissaire de surveillance administrative, une question se pose : Au point de vue militaire, qu'allez-vous devenir?

. Si vous êtes officier retraité, vous êtes, aux termes de la loi, à la disposition du Ministre de la guerre pendant cinq ans. Mais comme le concours des Commissaires de surveillance est nécessaire en cas d'appel et de mobilisation, vous serez relevé du commandement qui avait pu vous être donné dans la réserve ou dans l'armée territoriale, et vous serez replacé purement et simplement à la disposition du Ministre de la guerre avec ordre de rester à votre poste dans le cas où la guerre viendrait à éclater.

Quant aux autres Commissaires de surveillance, ils sont, comme vous le savez, astreints au service militaire jusqu'à l'âge de quarante-cinq ans. Ceux d'entre eux qui, au moment de leur nomination, sont titulaires d'un grade dans la réserve ou dans l'armée territoriale sont invités à donner leur démission d'officier; ils rentrent, dès lors, dans la même catégorie que ceux qui n'étaient pourvus d'aucun grade, et tous sont affectés à la réserve des sections techniques de chemins de fer de campagne jusqu'à ce qu'ils y aient accompli la durée légale de leur service militaire. Après trois mois de présence dans le service du contrôle des chemins de fer, il leur est délivré, par le commandant du bureau de recrutement, un certificat ainsi conçu :

CERTIFICAT

D'INSCRIPTION SUR LES CONTRÔLES D'AFFECTATION SPÉCIALE.

Le sieur N..., né le..., à..., canton d..., département d..., fils d... et d..., domiciliés à..., canton d..., département d... (*Situation militaire au point de vue de la loi du 15 juillet* 1889), est prévenu que, jusqu'à nouvel ordre, il sera dispensé de ses obligations militaires en temps de paix et affecté à la réserve de la ...me section technique de chemins de fer de campagne, comme étant employé depuis au moins *trois mois* dans l'administration du ministère des Travaux publics (Commissaire de surveillance administrative).

En cas de mobilisation, il restera à son poste, où il attendra les ordres de l'autorité militaire, qui lui seront transmis par son chef de service. Aussitôt l'ordre de mobilisation publié, il devra se considérer comme mobilisé et complètement soumis, par conséquent, aux lois militaires.

Il perdra tout droit à cette situation exceptionnelle du jour où il cessera de faire partie du personnel permanent de ladite administration et devra, dans un délai de *quatre jours*, remettre le présent titre au commandant de la brigade de gendarmerie du lieu où il se trouvera.

A Paris, le... 18 .

Le Commandant du bureau de la Seine,

N....

Vie privée.

Ce n'est pas le Commissaire de surveillance officier retraité que j'ai en vue ici ; car, ayant une longue expérience de la vie, il saura certainement se conduire, et il n'a que faire de mes conseils.

C'est à vous surtout que je m'adresse, mon jeune camarade, à vous qui débutez dans la carrière administrative et aussi dans la vie, à vous qui, ayant peu ou point de fortune, devez avoir en vue de vous créer, le plus promptement possible, une situation convenable.

Vous ne serez pas depuis quinze jours en fonctions dans une localité de province, que vous y serez déjà connu comme le loup blanc. Des gens dont vous ne soupçonnerez même pas l'existence, sauront que vous êtes M. un tel, que vous êtes Commissaire de surveillance à la gare, que vous êtes célibataire, que vous habitez à tel endroit, etc., etc. Bref, vous qui avez pour mission de surveiller la compagnie, vous serez surveillé de plus près encore par une foule de gens que vous ne tenez même pas à connaitre. C'est terrible, mais c'est là le sort commun de tous les fonctionnaires de province. A Paris seulement, il en est autrement, et on jouit, dans la grande ville, d'une liberté absolue ; mais les Commissaires de surveillance en résidence à Paris sont l'exception, et, d'ailleurs, le séjour de Paris présente des inconvénients qui en compensent les avantages.

Donc, mon cher camarade, vous ne sauriez trop veiller sur vous-même, de façon à ne pas donner prise aux cancans qu'on ne manquerait pas de faire sur votre compte. Pour cela, montrez-vous très réservé dans le choix de vos relations, ayez, en toute circonstance, beaucoup de tenue et de dignité : de cette façon, vous donnerez bonne opinion de vous-même, non seulement à vos chefs et à vos collègues, mais encore aux agents de la compagnie qui ne manqueront pas de vous observer, et aussi aux habitants de votre résidence, dont vous acquerrez l'estime et la considération, ces deux choses que tout fonctionnaire doit désirer.

Il va de soi que vos 1,500 francs d'appointements ne vous permettront pas de mener joyeuse vie et d'éblouir vos concitoyens par votre luxe ; mais vous pourrez, tout en demeurant modeste, forcer leur respect, et c'est là l'essentiel.

Avant tout, évitez de faire des dettes, car ce serait bientôt connu de tous et votre bonne réputation serait perdue. Si vous êtes célibataire, prenez vos repas, autant que possible, dans un hôtel où vous ne vous trouverez pas en contact avec des agents de la compagnie, car il finirait par s'établir entre eux et vous une familiarité qui pourrait, à un moment donné, vous entraver dans votre service. Évitez aussi de trop fréquenter les cafés et, en particulier, le buffet de la gare, qui est, comme toutes les dépendances du chemin de fer, soumis à votre surveillance et où vous devez conserver toute votre liberté d'action. Du reste, si vous voulez faire consciencieusement votre service, vous aurez déjà de quoi vous occuper. Quant à vos moments de loisir, si vous voulez les bien employer, préparez votre examen d'inspecteur particulier de l'exploitation commerciale ; si vous y réussissez, vous vous trouverez, du jour au lendemain, à la tête d'une jolie situation et vous ne regretterez pas vos peines.

Bibliothèque spéciale.

La bibliothèque de tous les commissariats contient ordinairement un certain nombre d'ouvrages spéciaux fournis par l'administration supérieure, notamment les suivants :

> *Dictionnaire législatif et réglementaire des chemins de fer,* par Palaa ;
> *ode annoté des chemins de fer en exploitation,* par Lamé-Fleury ;
> *Carte kilométrique des chemins de fer français,* par Maupin ;
> *Code des signaux du 15 novembre 1885 ;*
> *Règlement général pour les transports militaires par chemins de fer ;*
> *Manuel du candidat à l'emploi de Commissaire de surveillance administrative des chemins de fer,* par A. Laplaiche ;

Traité pratique des attributions des Commissaires de surveillance administrative des chemins de fer, par le baron Boutillier.

Le Commissaire de surveillance administrative qui voudra, pour son usage personnel, compléter ce rudiment de bibliothèque, pourra se procurer encore les ouvrages ci-après :

> *Dictïonnaire de la Langue française ;*
> *Atlas de géographie ;*
> *Codes usuels ;*
> *Manuel du candidat à l'emploi d'Inspecteur particulier de l'exploitation commerciale des chemins de fer*, par A. Laplaiche ;
> *Traité des chemins de fer*, par A. Picard ;
> *Les Chemins de fer français*, par le même ;
> *Etude sur les signaux des chemins de fer français*, par Brame et Aguillon ;
> *Voie, matériel roulant et exploitation technique des chemins de fer*, par Couche ;
> *Législation et jurisprudence sur le transport des marchandises par chemins de fer*, par Sarrut.

Congés.

Aux termes des règlements en vigueur, les fonctionnaires et employés ne peuvent obtenir, chaque année, un congé ou une autorisation d'absence de plus de quinze jours sans subir une retenue. Toutefois, un congé d'un mois sans retenue peut être accordé à ceux qui n'ont jamais joui d'aucun congé et d'aucune autorisation d'absence pendant trois années consécutives.

Pour les congés de moins de trois mois, la retenue est de la moitié au moins et des deux tiers au plus du traitement. Après trois mois de congé consécutifs ou non, dans la même année, l'intégralité du traitement est retenue, et le temps excédant les trois mois n'est pas compté comme service effectif pour la pension de retraite. La durée du congé, avec retenue de la moitié au moins et des deux tiers au plus du traitement, peut être portée à quatre mois pour les fonctionnaires et employés exerçant en Algérie. Toutefois, les absences ayant pour cause l'accomplissement des devoirs imposés par la loi sont affranchies de toute retenue.

En cas d'absence pour cause de maladie dûment constatée, le fonctionnaire ou l'employé peut être autorisé à conserver l'intégralité de son traitement pendant trois mois et obtenir, pendant les trois mois suivants, un congé avec la retenue de la moitié au moins et des deux tiers au plus du traitement. Le fonctionnaire peut même conserver l'intégralité de son traitement jusqu'à son rétablissement ou jusqu'à sa mise à la retraite, si sa maladie est résultée, soit d'un acte de dévouement accompli dans un intérêt public ou en exposant ses jours pour sauver la vie d'un de ses concitoyens, soit d'une lutte ou d'un combat soutenus dans l'exercice de ses fonctions, soit enfin d'un accident grave résultant notoirement de l'exercice de ses fonctions.

Telles sont, mon cher camarade, les règles générales relatives aux congés.

En ce qui concerne spécialement les commissaires de surveillance administrative, les permissions d'absence ne dépassant pas dix jours leur sont accordées directement par l'inspecteur général ou par l'ingénieur en chef du contrôle de l'exploitation technique. Quant aux congés proprement dits, ils doivent être demandés au Ministre des Travaux publics quelque temps à l'avance et par la voie hiérarchique.

Ainsi que je l'ai indiqué plus haut, le commissaire de surveillance porteur d'un congé régulier jouit du libre parcours sur la ligne à laquelle il est attaché jusqu'au point le plus rapproché du lieu de sa destination.

Conclusion.

Dans les quelques pages qui précèdent, je me suis efforcé, mon cher camarade, de vous donner les indications qui m'ont paru nécessaires pour vous permettre de faire, dès le début, bonne figure dans la carrière que vous avez embrassée et pour vous éviter, autant que possible, d'acquérir de l'expérience à vos dépens.

Les Commissaires de surveillance administrative ont des devoirs à remplir envers leurs chefs, envers leurs collègues, envers le public et envers eux-mêmes.

A l'égard de vos chefs, vous devez montrer de la déférence et du respect, et j'entends ici par chefs, non seulement les fonctionnaires supérieurs du contrôle, mais encore les magistrats du parquet, qui sont aussi vos chefs, en tant qu'officier de police judiciaire.

Vis-à-vis de vos collègues, soyez complaisant, serviable, conciliant, courtois. Si vous êtes dans un poste double, c'est-à-dire dans un poste où le service se fait à deux, rendez-vous de mutuels services, tâchez surtout d'éviter des froissements qui finiraient par mettre le désaccord dans le bureau et par rendre la vie commune impossible en rendant les relations désagréables, et tout cela au détriment des intérêts qui vous sont confiés. Lorsqu'un commissariat est pourvu de deux titulaires, c'est ordinairement le plus ancien qui est chargé de la tenue des archives. Si vous n'êtes pas le plus ancien, laissez votre collègue s'acquitter de cette tâche, d'ailleurs facile, comme il l'entendra et sous sa responsabilité, et n'intervenez pas s'il ne croit pas nécessaire de vous consulter. Le plus ancien n'a, du reste, aucune autorité à exercer sur son collègue, fût-il d'une classe supérieure, et il ne peut guère en être autrement, puisque l'un et l'autre sont également officiers de police judiciaire et que chacun d'eux signe les pièces qu'il expédie. Un roulement est ordinairement établi, de façon à assurer la présence à peu près permanente de l'un des deux Commissaires à la gare et les tournées de surveillance sur la ligne : dans ces conditions, celui qui se trouve de service au bureau traite les affaires qui se présentent et son collègue n'a rien à y voir si on ne lui demande pas d'avis. Mais dans les commissariats où règne la bonne camaraderie, — et j'en connais plusieurs, — on se consulte mutuellement sur les affaires d'une certaine importance et de ces discussions pacifiques jaillit ordinairement la lumière.

Le public, vous ne tarderez pas à le reconnaître, n'est pas toujours facile à contenter, et vous serez exposé à recevoir des réclamations qui, non seulement ne seront pas fondées, mais encore n'auront pas le sens commun. Accueillez-les toutes d'une humeur égale, tout en vous réservant de ne leur donner que la suite qu'elles comportent. Votre situation est, d'ailleurs facile : Vous êtes le représentant de l'Etat et non l'employé de la compagnie; vous n'êtes donc ni pour ni contre le public; vous êtes pour celui qui est dans son droit, contre celui qui a tort, et certes, c'est là un très joli rôle.

Avec les agents de la compagnie, montrez-vous bienveillant sans familiarité et ne demandez de faveurs à aucun. Dans les rapports que vous aurez avec eux, n'oubliez pas qu'ils sont seulement sous votre surveillance et non sous vos ordres, et tâchez de faire en sorte que tous sachent bien que vous n'hésiterez pas à prendre leur défense, s'il y a lieu, mais qu'ils ne devront pas compter sur votre complaisance ou sur votre faiblesse, s'ils manquent à leurs devoirs.

Ayez toujours, mon cher camarade, une mise correcte et sérieuse, et si votre situation de fortune ne vous permet pas d'être toujours vêtu à la dernière mode et de renouveler fréquemment vos effets d'habillement, efforcez-vous au moins de briller par une propreté minutieuse et par une tenue irréprochable; bref, tâchez, comme on dit vulgairement, d'être toujours *tiré à quatre épingles!* Fréquentez peu ou point le café; ne contractez pas de dettes; payez régulièrement votre pension et votre logement; soyez exact, vigilant, consciencieux, dévoué dans votre service; apportez-y du zèle, mais sans exagération et surtout sans intermittences; en un mot, n'oubliez pas que vous portez un uniforme et qu'il faut le faire respecter.

Je m'arrête ici, car je crois avoir passé en revue les différents points qui peuvent intéresser un jeune débutant. C'est en observant scrupuleusement les diverses recommandations contenues dans ce petit volume que vous vous concilierez l'estime de tous et l'affection de vos supérieurs, et c'est ainsi, par suite, que vous travaillerez à votre propre avancement et que vous vous préparerez à devenir plus tard, à votre tour, un bon chef.

Donc, bon courage et bonne chance, mon cher camarade, et puisse l'*Annuaire du ministère des Travaux publics* m'apporter bientôt la nouvelle de votre rapide avancement : c'est le vœu que forme en terminant

Votre bien dévoué camarade,

TABLE DES MATIÈRES.

Paris et Limoges, imp. milit. H. CHARLES-LAVAUZELLE

EXTRAIT DU CATALOGUE DE LA LIBRAIRIE MILITAIRE

Henri CHARLES-LAVAUZELLE

Règlement du 18 novembre 1889 sur les transports ordinaires (*Guerre et marine*). — Brochure in-8º de 58 pages = ... » 50. *franco* » 60

Règlement du 19 novembre 1889 sur les transports stratégiques (*Guerre et marine*). — Broc. in-8º de 58 p.= » 50 *franco* » 60

Transports sur les voies ferrées, instruction du 12 février 1890 relative aux transports des militaires voyageant avec bons de chemins de fer, des chevaux, des voitures, des poudres et des munitions, état des documents abrogés. — Brochure in-8º de 16 pages =..... *franco* » 25

Règlement général du 20 juillet 1888 pour les transports militaires par chemins de fer (2º partie). — Vol in-8º de 490 pages (édition officielle et complète) = ... 2 50

Instruction spéciale pour le transport des troupes par les voies ferrées (extrait du règlement général du 1er juillet 1874, modifié par décret du 20 octobre 1884 et par décision du 20 juillet 1888) :

Infanterie, vol. in-32 de 244 pages, cartonné X..... 1 »

Cavalerie, — de 244 pages, cartonné X..... 1 »

Artillerie, — de 294 pages, cartonné X..... 1 »

Le même extrait pour chaque arme, relié toile X... 1 25

Instruction pour l'embarquement et le débarquement des trains militaires. — Vol. in-32, avec 2 pl. X.. » 30

Les transports particuliers de la guerre (extrait de l'instruction ministérielle du 25 mars 1886), contenant tout ce qui intéresse MM. les officiers et assimilés, les sous-officiers mariés, les chefs ouvriers et les gendarmes. — Broch. in-32 X.................. » 30

Règlement du 20 juillet 1886 sur l'organisation des troupes du génie affectées au service des chemins de fer. — Br. in-32 de 16 pages X.................... » 30

Règlement du 21 août 1887, sur l'organisation et l'administration des sections techniques d'ouvriers de chemins de fer de campagne. — Br. in-8º de 44 p......... » 50

Règlement du 15 mai 1888 sur l'instruction du régiment de sapeurs de chemins de fer. — Volume in-8º de 120 pages = ... *franco* » 70

Code des signaux sur les chemins de fer français, adopté par arrêté ministériel du 15 novembre 1885, avec figures. — Br. in-32 de 32 pages X........... » 50